1870. 2 Mai

NOTICE

D'UNE PETITE COLLECTION

D'ANTIQUITÉS GRECQUES

ET ROMAINES

VASES PEINTS EN TERRES CUITES, BRONZES, SCULPTURES

ET DIVERS

DONT LA VENTE AUX ENCHÈRES PUBLIQUES AURA LIEU

HOTEL DROUOT, SALLE N° 5

Le Lundi 2 Mai 1870

A DEUX HEURES

Par le ministère de Me **CHARLES PILLET**, Commissaire-Priseur,
10, rue Grange-Batelière,

Assisté de M. CARLE DELANGE, Expert, 5, quai Voltaire
Chez lesquels se trouve le Catalogue.

EXPOSITION PUBLIQUE :

Le Dimanche 1er Mai 1870, de une heure à cinq heures.

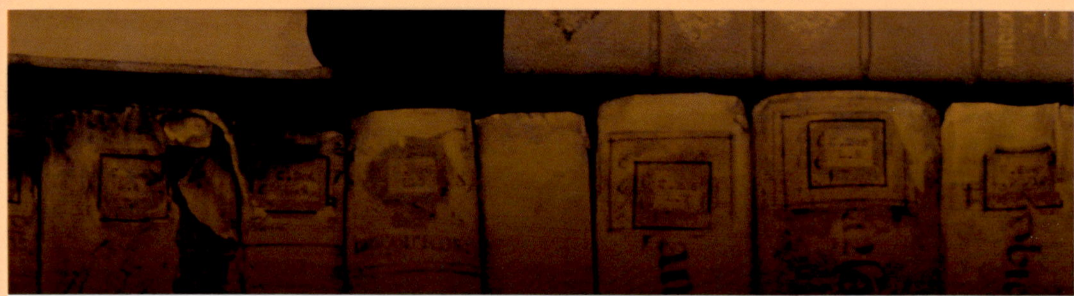

Discours prononcé sur la tombe d' Émile Augier : 28 octobre 1889 / par M. François Coppée,.... Stances de M. Jean Richepin dites... sur la scène de la Comédie-Française, le... 5 novembre 1889, en couronnant le buste d'Emile Augier / Société des auteurs et compositeurs dramatiques

http://gallica.bnf.fr/ark:/12148/bpt6k9690391m

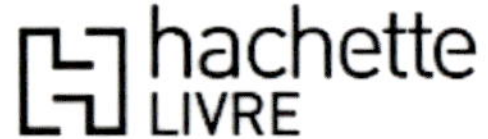
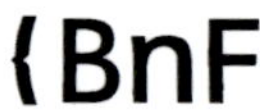
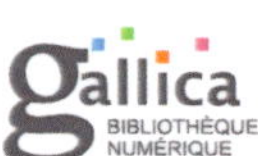

NOTICE

D'UNE PETITE COLLECTION

D'ANTIQUITÉS GRECQUES

ET ROMAINES

VASES PEINTS EN TERRES CUITES, BRONZES,
SCULPTURES

ET DIVERS

DONT LA VENTE AUX ENCHÈRES PUBLIQUES AURA LIEU

HOTEL DROUOT, SALLE N° 5

Le Lundi 2 Mai 1870

A DEUX HEURES

Par le ministère de Me **CHARLES PILLET**, Commissaire-Priseur,
10, rue Grange-Batelière,

Assisté de M. CARLE DELANGE, Expert, 5, quai Voltaire
Chez lesquels se trouve le Catalogue.

EXPOSITION PUBLIQUE :

Le Dimanche 1er Mai 1870, de une heure à cinq heures.

CONDITIONS DE LA VENTE

Elle sera faite au comptant.

Les acquéreurs payeront, en sus des adjudications, *cinq pour cent*, applicables aux frais.

L'exposition mettant le public à même de se rendre compte de l'état des objets, il ne sera admis aucune réclamation une fois l'adjudication prononcée.

Paris. — Im de PILLET fils aîné, rue des Grands-Augustins, 5.

DÉSIGNATION

1 — GRANDE AMPHORE PÉLIQUE. — Oreste et Pylade au
tombeau d'Agamemnon. Clytemnestre est assise au
pied du monument funéraire, surmonté d'un cratère;
à terre, des vases de différentes formes et, attachés au
monument, une ceinture et autres objets de toilette.
A gauche, Oreste, debout, coiffé du bonnet phrygien,
tient une lance et une coupe. A droite, Pylade, appuyé
sur un bâton, présente une couronne. Revers. Thésée
combattant une Amazone. Sujet de la plus grande ra-
reté. Fabrique de Capoue.

2 — HYDRIE A TROIS ANSES. — Terre cuite colorée de peintures en détrempe. D'un côté, une femme debout, sui-
vie d'un éphèbe, donne la main à un homme assis; de
l'autre, une panthère et un sarcophage. A la partie
supérieure de la panse, une frise de crossettes. Le col
est orné de figures de femmes portant sur la tête des
vases, et se détachant sur fond noir. Pièce rare.

3 — CRATÈRE. — D'un côté, une jeune femme les bras
étendus; de l'autre, un jeune homme drapé semble la
fuir. Nola.

4 — GRANDE AMPHORE à anses à rotules surélevées ornées
de rosaces et mascarons. — D'un côté une femme assise sous un œdicule, tenant un coffret; en dehors à
gauche, une autre femme debout tenant des objets de
toilette; à droite, un homme tient une palme. Au revers, un autre œdicule occupé par des tiges de fleurs;
en dehors à gauche et à droite, deux femmes tenant
des palmes et des bandelettes. Sous le col, une tête et
des palmes. Peintures jaunes sur fond uni. Fabrique
de la Basilicate provenant de la collection Pourtalès.

5 — AMPHORE. — D'un côté un cavalier nu, précédé et
suivi de deux hommes armés; au revers un cavalier nu
et un homme armé. Figures noires sur fond jaune.
Fabrique de Vulci provenant de la collection Pourtalès.

6 — AMPHORE. — De chaque côté un faune armé d'un
bouclier. Sur celui de l'un d'eux des phallus. Figures
jaunes sur fond noir. Fabrique de Capoue.

7 — ŒNOCHOÉ à ouverture à trèfle. — Femme devant un
taureau. Figures noires sur fond jaune. Fabrique de
Vulci. Collection Pourtalès.

8 — CAMPANA. — D'un côté une femme fuyant un faune,
au revers deux éphèbes. Figures jaunes sur fond noir.
Fabrique de Vulci.

9 — GRAND LÉCYTHUS. — Des guerriers à cheval et un
homme à pied armé. Deux chiens à côté des chevaux.
Sujet rare.

10 — SCYPHUS à pied élevé. — D'un côté, une femme con-

duisant un char; de l'autre côté, une grande tête de femme.

11 — Scyphus à pied élevé. — D'un côté, une femme conduisant un char; de l'autre, deux femmes, l'une assise, l'autre debout, tenant des objets de toilette. Fabrique de Capoue.

12 — Vase lecythus, figures noires sur fond blanc. — Un guerrier agenouillé et armé semble se cacher derrière une fontaine, surmontée d'un oiseau et versant de l'eau par un mufle de lion dans un vase de forme élégante qu'a déposé une femme debout, les bras étendus. Fabrique de Vulci.

13 — Coupe à deux anses. — Combat d'hommes et d'animaux en dehors. Figures noires sur fond jaune. Fabrique de Vulci.

14 — Autre coupe d°. — Extérieur orné d'aigles, à l'intérieur une figure ailée. Mercure.

Autre coupe noire.

15 — Vase en terre cuite de forme aplatie et muni de deux petites anses à l'encolure pour y passer un cordon sur les deux faces; une sirène, et au-dessous d'elle deux dauphins. Pièce rare.

16 — Vase rhyton (bifronte). D'un côté, une tête d'homme barbue; de l'autre, tête de femme.

17 — Autre à peu près pareil. Fabrique de la Basilicate.

18 — Vase rhyton (bifronte). — Deux têtes de femme. Vernis jaune.

19 — Masque en terre cuite avec restes de colorations en détrempe.

20 — Candélabre en terre cuite formé par une colonne cannelée à chapiteau dorique, surmontée d'un petit vase.

21 — Ryton à tête humaine casquée. — Terre cuite provenant de la collection Pourtalès.

22 — Vase Lecythus de forme aplatie orné de cercles de rouge et jaune.

23 — Petite hydrie décorée de palmettes enlevées sur fond verdâtre. Gnatia.

24 — Jolie œnochoë à ouverture à trèfle et anse surélevée. Nola.

25 — Autre semblable.

26 — Præfericulum à anse surélevée et col rétréci à ouverture en trèfle. Au bas de l'anse, un mascaron en relief.

27 — Vase rhyton formé par une tête de femme.

28 — Autre de plus petite dimension.

29 — Autre encore plus petit en terre cuite, sans vernis.

30 — Amphore en terre à vernis noir. Fabrique de Nola.

31 — Vase (guttus) formé par une tortue, vernis noir.

32 — Scyphus avec anses surélevées et piédouche. Vernis noir.

33 — Deux autres avec piédouche à anses horizontales.

34 — Coupe sans anses, godronnée, et au fond une tête de femme en relief. Vernis noir.

35 — Petit vase (*guttus*) formé par le corps d'une grenouille. Terre noire.

36 — Autre formé par le corps d'une grenouille. Terre jaune.

37 — Petit vase (*guttus*). Homme couché.

38 — Petit vase (*guttus*) formé par une tête de sanglier Autre petit vase (*guttus*) formé par une coquille.

39 — Vase (*guttus*) en terre cuite, formé par une jambe repliée.

40 — Lampe en terre cuite, ornée de deux têtes très en relief.

41 — Figurine de femme drapée et debout, en terre cuite.

42 — Autre de plus petite dimension.

43 — Figurines de femme appuyée contre un bélier.

44 — Figurine de femme assise, allaitant un enfant.

45 — Lampe en terre cuite, sur pied élevé, décorée de deux figures ailées en relief.

46 — Deux très-petits vases en terre cuite, décorés de phallus en relief.

47 — Terre cuite. Un paon portant un enfant, se détachant sur les plumes de sa queue.

48 — Cratère, décoré de feuillages et autres ornements. Gnatia.

48 — Aryballe à col étranglé, décoré d'ornements en blanc sur fond noir.

50 — Deux aryballes à col étranglé. Même fabrique.

51 — Autre plus petit. Fabrique de Gnatia.

52 — Quantité de vases de formes et de fabriques différentes seront divisés.

BRONZES

53 — Vase avec anse. Belle patine.

54 — Lampe de forme ronde à deux becs avec une pointe au milieu. Belle patine grise.

55 — Sympulum à manche recourbé terminé par une tête de renard. Belle patine verte.

56 — Manche de patère terminé par deux têtes. Très-belle patine.

57 — Petite statuette de déesse drapée. Travail grec d'une jolie exécution. D'une main elle tient un instrument aratoire, de l'autre une corne d'abondance. Probablement Cybèle.

58 — Buste de femme casqué. Haut-relief.

59 — Petit buste d'applique, tête de femme les yeux en argent.

60 — Figurine de Vénus accroupie.

61 — Colombe de suspension portant sur son dos une autre plus petite, de basse antiquité; probablement chrétienne.

62 — Deux têtes de panthère.

63 — Deux mascarons, l'un muffle de lion et l'autre tête grotesque.

64 — Boucle de harnachement munie de son aiguillon, ornée de trois enfants montés sur des lièvres.

65 — Miroir finement gravé dont le manche se termine par une tête d'animal.

66 — Deux grandes frises provenant d'un sarcophage, décorées de palmettes et autres ornements d'une belle exécution.

DIVERS

67 — Une tête d'enfant, fragment marbre.

68 — Un lacrymatoire en verre antique, très-beau d'irisation.

69 — Fragment de terre vitrifiée et irisée, représentant un Hercule.

70 — Fresque représentant un philosophe entrant chez une courtisane à sa toilette. Probablement Socrate chez Aspasie. Pièce très-importante.

71 — Deux grands médaillons en albâtre rubannée orientale représentant, l'un Néron l'autre Caligula jeune.

72 — Grand vase en albâtre orientale forme d'urne, orné de deux mascarons barbus.

73 — Petite figurine de femme debout tenant dans ses bras un enfant. Argent.

74 — Fragment de boucle d'oreille en or. Tête de Lion.

75 — Pendant de boucle d'oreille en or. Figurine d'Amour.

76 — Autre. L'aigle enlevant Ganymède.

77 — Paire de boucles d'oreilles en or formée par des vases suspendus à des têtes de bélier.

78 — Bague en or à ornements filigranés.

79 — Terre émaillée. Le Dieu Phtha debout.

80 — D° Deux figurines de Nephtys debout.

81 — D° Figurine d'Aah ou lunus, agenouillée soutenant le disque lunaire, d'une grande finesse et d'une grande beauté d'émail.

82 — Sous ce numéro seront vendus les objets omis au présent catalogue.

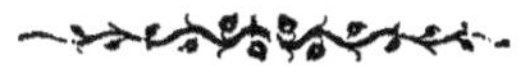